AF581359

GARÇON ET FILLE HERMAPHRODITES

VUS ET DESSINÉS D'APRÈS NATURE

PAR UN

Des plus Célebres Artiſtes

ET GRAVÉS

Avec tout le soin possible pour l'utilité des Studieux

A PARIS

Beauble Scrip.

HERMAPHRODITE

VU ET DESSINÉ D'APRÈS NATURE

Par un des plus Célebres Artistes

en 1773.

TOUS les Physiciens conviennent que le nom d'Hermaphrodite a pris naissance chez les Grècs et qu'ils l'ont composé de deux mots de leur langue qui expriment le concours des parties Génitales des deux Séxes dans un même sujet, selon le préjugé de cette Nation qui se trouve amplement décrit dans les Métamorphoses d'ovid. Cette bizarrerie de la nature ne paroît point avoir été reconnuë chez tous les peuples, quoiqu'elle ait fait l'admiration des Naturalistes de tous les temps, car suivant le sentiment de quelques-uns, ce genre d'hommes qui portoient le caractere des deux Séxes, etoit mis au nombre des monstres, et comme tels, Athenes les jettoit dans la mer, et Rome dans le Tibre.

Après les recherches qu'en ont fait les Naturalistes et surtout nos modernes, pour rendre raison de ce caprice de la nature, il y a lieu de croire que la mauvaise et imparfaite conformation des parties de la génération de l'un ou de l'autre séxe, comme les testicules cachés dans l'homme, le clitoris prolongé dans la femme, peuvent avoir trompé ceux qui ont écrit sur cette matiere, ainsi que l'expérience l'a démontré dans plusieurs rencontres, ou a certain âge les parties cachées se sont dévelopées, et ont caractérisé le séxe du sujet regardé auparavant comme Hermaphrodite imparfait.

Dans la description qu'en ont laissé quelques Anciens, et par les mémoires des Modernes insérés dans differens journaux, on voit qu'ils en ont distingué de quatre espéces, et qu'ils ont donné le nom d'imparfaits aux trois premieres, parcequ'il manque quelque chose aux caracteres de l'une ou l'autre nature et quelquefois de toutes deux quoique plus rarement ; cequi prouve que dans ces trois premieres espéces il y a une nature qui domine plus que l'autre comme on peut le voir dans la seconde figure.

La quatrieme classe est de ceux que l'on nomme parfaits, et que l'on regarde comme fabuleux, àmoins que l'on en croye quelques auteurs, tel qu'Ambroise Paré qui rapporte en avoir vû. Ce grand homme est un de ceux qui ont le plus écrit sur cette matiere. On peut en juger par la quantité de figures qu'il nous a laissées dans ses ouvrages touchant les varietés de la nature dans le dévelopement du fœtus.

On voit dans le Droit Romain et dans le François les peines portées contre les Hermaphrodites qui etants complets, usent également des deux séxes.

La figure suivante est l'Hermaphrodite complet ou de la 4.e espéce que l'on nomme Androgyne. Le Spectacle de la Nature nous fait la description de quelques animaux quadrupedes, ainsi que quelques insectes tel que le Limacon, l'Escargot, et les Vers qui sont naturellement munis d'une double espéce propre aux deux opérations.

l'Androgyne humain est le sujet cy-apres où les 2. natures se trouvent complettes en toutes leurs parties et propres aux 2. opérations du coït ainsi qu'a la propagat.on, elles sont quelquefois posées l'une en haut et l'autre en bas, ou selon le sentiment de quelques uns l'une à coté de l'autre, comme on peut voir dans la planche suivante.

LOUIS HAINAULT est l'Hermaphrodite icireprésenté, né en 1752. aux environs de Rouën. Il fut élevé en garcon, soit que ses parens ignorassent son état, ou qu'ils ne voulussent pas le lui faire connoitre. Il étoit garcon Cordonnier et ne fut reconnu Hermaphrodite que quelques jours avant sa mort qui arriva le 2. de Mars 1773. dans un hopital de sa Province où M.rs les Médecins et Chirurgiens l'ont vu. Voici le détail qu'ils nous en ont fait: Il etoit d'une taille audessus de la médiocre, ayant les cheveux chatains, les yeux vifs et animés, le visage rond et agréable avec peu de barbe, et étoit d'une complexion saine et robuste. Il avoit les mammelles comme les autres hommes, le corps assez bien fait; mais les autres parties que l'on a découvert lui ont fait donner à juste titre le nom de Hermaphrodite sous le quel nous l'annonçons dans cette description. Nous avons effectivement reconnu par notre examen conformement à la Planche cy jointe qui a été gravée avec tout le soin possible pour l'utilité des Studieux, que LOUIS HAINAULT avoit toutes les parties de la génération de la femme aussi bien constituées qu'elles le sont dans les filles de son âge, ayant la vulve et l'orifice du vagin que l'on appelle orifice externe de la Matrice. Cette ouverture avoit environ un pouce cinq lignes de longueur, allant de haut en bas et de bas en haut, elle parroissoit propre a recevoir le membre viril, et avoir un Clitoris comme toutes les filles. La Verge siégeoit à côté, bien formée et perforée, garnie de poil en sa racine, le gland et les testicules aussi bien configurés que dans les hommes.

a. Un espece d'enfoncement qui depuis l'Umbilic jusqu'au pubis, semble séparer le bas ventre en 2. parties égales, ainsi que le Pénil. b. une partie du pénil audessus de la verge garnie de poil. c. la verge. d. le prépuce. e. le gland. f. l'uretre ouvert. g. les testicules dans le scrotum. h. l'autre portion du pénil garnie de poil. i. les grandes lévres. k. la vulve ou orifice externe de la Matrice. l. la fourchette. m. le perinée.

HERMAPHRODITE

VU ET DESSINÉ D'APRÈS NATURE

Par un des plus Célèbres Artistes

en 1772.

Les Philosophes naturalistes, ayant établi quatre espèces d'Hermaphrodites, et demontré le plus parfait de tous, qu'ils ont nommé Androgyne, nous allons expliquer seulement la nature des trois premières espèces.

I.° Celle des Hermaphrodites hommes, qui ont la verge attaché au pubis, ainsi que les testicules retenus dans le ventre, ou sous les anneaux des muscles du bas-ventre, ou enveloppés dans des replis de la peau, qui forment comme deux grandes lévres, au milieu des quelles se trouve un enfoncement en forme de fente, mais plus étroit et moins profond que la vulve ordinaire et dont il ne sort rien, qui ont aussi le conduit de l'urétre tout le long du dessous des corps caverneux, passant au travers du gland, et l'enfoncement ou fente imperforée dans son fond, cette sorte ou espéce d'Hermaphrodites est réputée du séxe dominant, c'est-a-dire masculin.

2°. Les Hermaphrodites sont réputés femmes, lorsque toutes les parties du séxe feminin sont bien caracterisées, et que ce quil y a de plus au dessus de la vulve, n'est qu'une espéce de verge figurée comme celle de l'homme, mais sans être perforée et n'étant que recouverte d'une peau fine, qui l'attache au haut des petites lévres, et qui retient et courbe cette partie, la quelle porte a son extremité la vrai figure d'un gland. Dans cette espéce d'Hermaphro=

dites, on remarque l'embouchure du vagin et de l'urètre tel qu'elle doit être dans les femmes; ce qui démontre qu'elles sont de ce séxe.

3.e Les Hermaphrodites peuvent n'être ni hommes ni femmes, manquant, tant p.r l'un que pour l'autre séxe, quelque chose à leurs parties, les quelles sont quelquefois posées a côté l'une de l'autre, et se trouvent imperforées et incapables d'aucun usage pour la génération.

On peut caracteriser ces trois sortes d'Hermaphrodites, et determiner leur séxe le plus dominant par l'inspection de leurs parties, et en examinant si la verge est bien proportionnée, et percée par son conduit, et si les testicules sont bien conditionnés: Alors le sujet sera plus homme que femme. Au contraire, si les parties de la femme sont bien constituées, alors l'Hermaphrodite sera sensé féminin. Outre cela, on considerera les traits du visage, la force des cheveux, la parolle plus ou moins grave, la gorge plus ou moins elevée; enfin les differents gestes du corps serviront de beaucoup a tirer un prognostic juste de l'espece a laquelle appartient le sujet.

l'Hermaphrodite qu'on offre ici, et qui est de la seconde espéce, se nomme MARIE AUGÉ, elle est née a Paris en 1755. baptisée a la Paroisse de St. Sulpice, son pere et sa mere l'ont élevée en fille jusqu'au temps que sa difformité fut decouverte par hazard ou par surprise, alors elle fut vue par grand nombre de Curieux et de Dessinateurs. Elle s'est depuis éclipsée de Paris, et l'on dit qu'elle est présentement à Londres.

Cette Hermaphrodite étoit maigre, et cependant un peu charnuë, sa complexion étoit vive, son visage un peu allongé et d'un air commun, sa gorge étoit médiocre, ses hanches équivoques, et son ventre n'avoit rien qui la fit différer d'une fille ou d'un garçon de son âge.

a. l'Umbilic. b le pénil garni de poil jusqu'à la racine de la verge. c la verge recouverte de la peau, au travers de laquelle on voit la forme naturelle des corps caverneux. d le prépuce privé de l'ouverture de l'urétre, ayant ce conduit prolongé sous la verge, ainsi que l'a un homme bien constitué. e le gland de la meme figure que le doit etre celui de l'homme. f un repli de la peau en for=

me de grande lévre. g une bride de peau membraneuse, qui retient la verge, audessus de la quelle se voit l'embouchure de l'urétre ou meat urinaire, tel qu'il est dans la femme. h un second repli de la peau en forme de petites lévres. i la séparation de ces petites lévres, pour former une ouverture nommée vulve. k l'union de ces petites lévres, qui forment la fourchette, la quelle se perd au périnée, et est plus étroite qu'aux filles bien constituées, à peine peut-on introduire le doigt dans cette partie: Elle n'a pas de Coroncules mirthiformes, point de testicules: Cette Hermaphrodite est sans écoulement périodique, et enfin l'on est resté dans l'incertitude de son séxe dominant, la partie mâle ne l'emportant pas sur la feminine, àmoins que l'âge n'y apporte du changemēt

www.ingramcontent.com/pod-product-compliance
Lightning Source LLC
LaVergne TN
LVHW050513160826
845677LV00003B/1101
9782329635682